30 Historias para el RAMADÁN

Historias nocturnas para niños para el mes sagrado del Ramadán

1) <u>El Primer Ayuno de Leila</u>

En un pequeño pueblo bañado por la suave luz de la mañana, Leila se despertaba con una mezcla de emoción y nerviosismo. Hoy marcaba un momento especial en su vida: su primer ayuno completo de Ramadán.

"¿Mamá, es realmente hoy?" preguntó Leila, con los ojos aún medio cerrados.

Su madre, Fatima, sonrió tiernamente y asintió. "Sí, mi

querida. Hoy vas a ayunar por primera vez. ¿Estás lista?"

Leila asintió con la cabeza, aunque una pequeña voz interior le susurraba sus preocupaciones. Recordó el consejo de su padre: "El ayuno es más que una ausencia de comida, es una búsqueda de paciencia y gratitud."

Después de la comida del alba, Leila y su familia realizaron su oración. El sol salía, extendiendo sus rayos dorados sobre la ciudad, anunciando el comienzo del ayuno.

A lo largo del día, Leila sintió varias emociones: hambre, por supuesto, pero también un sentido de orgullo. Observó a su familia, especialmente a su madre y a su padre, con una nueva admiración por su dedicación.

En la escuela, sus amigos compartían sus propias experiencias. "Lo más difícil es la tarde, cuando el hambre se hace sentir de verdad", confió su amigo Karim.

"Pero no olvides por qué hacemos esto", añadió Amina, otra amiga. "Es para acercarnos a Alá y aprender a apreciar lo que tenemos."

Al llegar la noche, mientras el cielo se teñía de tonos de rosa y naranja, la familia de Leila se reunía para la ruptura del ayuno. Leila observó las dátiles en la mesa, recordando que el Profeta Muhammad (paz y bendiciones sean sobre él) rompía su ayuno de esta manera.

"Leila, ¿quieres tener el honor de romper el ayuno?" preguntó su padre.

Con un pequeño asentimiento, Leila tomó una dátil y murmuró una silenciosa oración de gratitud. La dulzura de la fruta parecía ser la más deliciosa que jamás había probado.

"¿Cómo te sientes?" preguntó su madre después de que terminaron su comida.

"Feliz", respondió simplemente Leila. "Y un poco sorprendida. Sólo pensaba en el hambre, pero hay mucho más. Me siento... más cerca de todos ustedes, y de Dios."

Su padre sonrió. "El Ramadán tiene esta forma de unirnos, recordándonos la importancia de la familia, la gratitud y nuestra fe."

Leila se durmió esa noche con el corazón ligero y la mente llena de reflexiones. Su primer ayuno no fue solo un desafío, sino una apertura a un mundo de comprensión y crecimiento espiritual.

2) <u>El Secreto de la Zakat</u>

En el bullicioso barrio de la ciudad vieja, Aya y su hermano menor Sami compartían un secreto. Cada Ramadán, ahorraban una parte de su mesada para la Zakat, una tradición de limosna de gran importancia en el Islam. Sin embargo, este año habían decidido hacer algo diferente.

Una tarde, mientras el sol declinaba dejando paso a los tonos rosados del crepúsculo, Aya le dijo a Sami: "Sabes, dar dinero está bien, pero este año, quiero que ofrezcamos algo más personal".

Con ojos grandes y curiosos, Sami preguntó: "¿Como qué, Aya?"

"Pensé que podríamos usar nuestro dinero para comprar útiles escolares para los niños del orfanato", respondió Aya con una sonrisa. Sami saltó de alegría y acogió la idea con entusiasmo.

En los días siguientes, los niños realizaron sus tareas con más celo que nunca, ganando algunas monedas extras para su proyecto especial. Una vez recolectado el dinero, compraron cuadernos, lápices y otros suministros.

En la víspera del Eid, se dirigieron al orfanato, los brazos cargados de bolsas coloridas. La emoción de Sami era palpable, pero recordó las palabras de su hermana: "La Zakat es aún más preciosa cuando se da de manera discreta y con humildad".

Aya y Sami dejaron las bolsas en la puerta del orfanato con una nota: "Un pequeño regalo para un año de aprendizaje alegre". Tocaron el timbre y se escondieron para observar.

Cuando los niños del orfanato encontraron las bolsas, sus rostros se iluminaron con una alegría increíble. Aya y Sami sintieron cómo el calor inundaba sus corazones.

De camino a casa, Sami preguntó: "Aya, ¿por qué no les dijimos que fuimos nosotros?"

Aya, sosteniendo la mano de su hermano, respondió:
"Porque el verdadero dar viene del corazón, Sami. No es necesario que otros sepan de dónde viene. Lo que importa es la sonrisa en sus rostros, no los elogios que podríamos recibir".

Sami miró a su hermana, impresionado y orgulloso. Había aprendido una lección invaluable sobre la humildad y la generosidad.

Cuando llegó el Eid y la familia se reunió para celebrar, Aya y Sami compartieron su secreto con sus padres, quienes los abrazaron con orgullo y amor.

3) <u>Bajo el Creciente Lunar</u>

En el pequeño pueblo de Nour, la aparición del creciente lunar siempre era un evento especial, especialmente durante el Ramadán. Tanto niños como adultos esperaban este momento con una alegría indisimulada. Pero para Lina y su hermano Sami, este año era aún más especial: era la primera vez que eran lo suficientemente mayores para participar en la vigilia bajo la luna.

Después de la comida del Iftar, mientras las últimas luces del sol se desvanecían, Lina y Sami se unieron a sus padres en el jardín, donde todos los vecinos se reunían. Faroles de colores se balanceaban suavemente en la brisa de la tarde, y el aire estaba lleno del dulce aroma de los pasteles del Ramadán.

"¡Mira, Sami!" exclamó Lina, señalando el cielo. "¡El creciente lunar! ¡Ahí está!"

Sami, con los ojos muy abiertos, siguió la dirección del dedo de su hermana y vio el delgado creciente de la luna delineado contra el cielo violeta. "¡Es hermoso!" dijo.

Su padre, al ver su emoción, se arrodilló junto a ellos. "¿Sabéis por qué el creciente lunar es tan importante durante el Ramadán?" preguntó.

"Es porque anuncia el comienzo del mes sagrado, ¿verdad?" respondió Lina, orgullosa de conocer la respuesta.

"Exactamente", confirmó su padre. "Y también es un recordatorio de la belleza de la creación de Alá y de la regularidad de los ciclos de la vida. Cada fase de la luna nos enseña algo."

Los niños asintieron, mirando el cielo nocturno con una nueva apreciación.

"Y ahora, bajo este creciente lunar, todos haremos una oración especial juntos", anunció su madre uniéndose a ellos con una alfombra de oración.

La familia se alineó y mientras se postraban juntos, Lina y Sami sintieron una paz interior. Bajo el creciente lunar, estaban unidos a su familia, a su comunidad y a algo mucho más grande que ellos mismos.

Cuando levantaron la cabeza, las estrellas brillaban como respuestas silenciosas a sus oraciones. Y bajo el creciente lunar, Lina y Sami formularon deseos para el mes venidero, deseos llenos de esperanza, paz y compartir.

4) <u>La Linterna de Nour</u>

En el antiguo barrio de la medina, donde las calles se entrelazan como los hilos de una alfombra antigua, Nour, una niña de mente aguda y corazón generoso, tenía una tradición especial durante el Ramadán. Cada año, ella fabricaba una linterna para iluminar el camino de los transeúntes frente a su casa.

En la primera noche de Ramadán, Nour se colocó en su ventana con su linterna terminada. Estaba adornada con vidrio de colores y patrones que contaban historias de generosidad y amor. Al encender la vela en su interior, la linterna proyectaba danzas de luz sobre los muros de la ciudad vieja.

"Nour, tu linterna es la más hermosa que he visto jamás," exclamó su abuela, uniéndose a ella en la ventana. "Brilla como una pequeña estrella caída del cielo."

Nour sonrió, sus ojos brillando en la luz de su creación. "La hice para que todos recuerden encontrar el camino hacia la bondad," dijo.

Mientras observaban juntas, un anciano se acercó, deteniéndose bajo la linterna para descansar sus cansadas piernas. La suave luz parecía calmarlo, y una sonrisa se formó en su rostro iluminado por la linterna de Nour.

Poco después, un grupo de niños jugando en la calle se reunió alrededor de la linterna. Admiraban los colores y el calor que emitía, riendo y compartiendo historias bajo su luz benevolente.

Noche tras noche, la linterna de Nour se convirtió en un punto de encuentro, un faro de comunidad y compartición. Los vecinos traían golosinas para compartir, historias para contar, y la pequeña linterna iluminaba sus noches de Ramadán con una luz cálida.

En la última noche de Ramadán, mientras Nour preparaba su linterna por última vez, su abuela le dijo: "Sabes, querida, la verdadera luz del Ramadán es la que brilla en tu corazón."

Nour alzó la vista hacia el cielo nocturno, observando la luna que anunciaba el fin del mes sagrado, y supo que la luz de su linterna seguiría brillando mucho tiempo después de que las estrellas se hubieran apagado.

5) <u>Huellas en la Arena</u>

En las doradas orillas del mar, donde las olas acarician suavemente la playa, un pequeño niño llamado Youssef caminaba cada noche de Ramadán después del Iftar. Le gustaba sentir la arena fresca bajo sus pies y observar las huellas que dejaba atrás.

Una noche, mientras la luna brillaba clara y redonda, Youssef notó que sus huellas no estaban solas. Al lado de las suyas, había otro conjunto de pasos, pequeños y delicados, como los de un niño.

Movido por la curiosidad, siguió esas huellas hasta encontrar a su dueña: una niña pequeña, su vecina, Amira, que parecía buscar algo en la arena.

"¿Qué haces aquí sola?" preguntó Youssef, acercándose a ella con cautela.

Amira levantó la vista, sus ojos brillaban con esperanza. "Estoy buscando conchas para mi colección. Mi papá dice que son más hermosas cuando la luna está llena."

Impresionado por su determinación, Youssef se arrodilló para ayudarla. Juntos buscaron, y con cada concha encontrada, compartían una sonrisa o una risa.

"¿Por qué buscas conchas durante el Ramadán?" preguntó Youssef después de un momento de silencio confortable.

"Porque el Ramadán es un momento para hacer buenas acciones," respondió Amira. "Quiero dar mis conchas a los niños en el hospital para que tengan un poco de la belleza del mar con ellos."

Youssef sintió una ola de admiración por su amiga. "Es una idea hermosa, Amira. ¿Quizás podría ayudarte a darlas?"

Amira asintió con entusiasmo. "Me encantaría eso, Youssef."

6) <u>La Oración de Medianoche</u>

En el tranquilo barrio de Medina, cuando los relojes marcaban la medianoche durante el Ramadán, un silencio pacífico envolvía las calles. Sin embargo, en la casa de la familia Idriss, una luz seguía encendida, y susurros de oraciones se elevaban suavemente.

Sofía, la más pequeña de la familia, había esperado todo el año para participar en la oración de Tarawih, una oración especial del Ramadán que se realiza habitualmente después de Isha, la oración de la noche. Este año, estaba decidida a mantenerse despierta para la oración de medianoche, a pesar de sus párpados pesados.

"Padre, ¿podré mantenerme despierta para la oración de medianoche?" preguntó, luchando contra el sueño.

Su padre, Layth, puso su mano sobre su cabeza y sonrió. "Si tu corazón está preparado y tu intención es clara, entonces Alá te ayudará a mantenerte despierta," dijo con confianza.

A medida que se acercaba la hora, la familia se preparaba, lavándose para la purificación y dirigiéndose a su sala de oración. Sofía se acomodó junto a su hermano y su hermana, el tapete bajo ella era suave y reconfortante.

Su madre comenzó la recitación del Corán, su voz subiendo y bajando en los versículos sagrados. Sofía se dejó llevar por las palabras, sintiendo su corazón latir al ritmo de los aleyas.

Cuando comenzó la oración, Sofía siguió los movimientos con atención silenciosa, postrándose, levantándose y doblando con una devoción que iba más allá de su corta edad. Cada postura era una conversación con lo divino, cada postración una declaración de fe.

Al final de la oración, mientras el silencio volvía a caer sobre la casa, Sofía se sentía despierta de una manera que nunca antes había conocido. No solo había cumplido su promesa de mantenerse despierta para la oración de medianoche, sino que también había sentido una profunda conexión con su familia y con su fe.

"Padre, ha sido hermoso", murmuró ella, con los ojos brillando con una luz interior.

"Ese es el poder de la oración, Sofía. Nos une y nos eleva, especialmente durante el Ramadán", respondió él.

Y mientras la medianoche pasaba y la luz de la luna se reflejaba suavemente en las páginas del Corán, Sofía sabía que llevaría el recuerdo de esa oración de medianoche a todas las noches venideras, un recuerdo de paz y conexión divina.

7) <u>La Primera Revelación</u>

En la ciudad pacífica de Makkah, bajo el cielo estrellado del desierto, vivía un joven llamado Amir. Amir era conocido por su curiosidad y su amor por las historias que su abuelo le contaba cada noche. De todas las historias, la que más fascinaba a Amir era la de la primera revelación del Corán al Profeta Muhammad durante el mes de Ramadán.

Una noche, al comenzar el Ramadán, Amir preguntó a su abuelo, con los ojos brillando de emoción: "Abuelo, ¿puedes contarme otra vez la historia de la primera revelación?"

El abuelo sonrió, encantado por el interés de su nieto, y comenzó: "Pues bien, Amir, ocurrió hace mucho tiempo. El Profeta Muhammad estaba en la cueva de Hira, buscando paz y reflexión, cuando se le apareció el ángel Gabriel."

Amir, pendiente de cada palabra, preguntó: "Abuelo, ¿tenía miedo el Profeta?"

"Sí, al principio estaba sorprendido y un poco asustado", respondió el abuelo. "Pero Gabriel le dijo: '¡Lee!' y el Profeta respondió que no sabía leer. Entonces el ángel lo abrazó y le dijo de nuevo: '¡Lee!'"

"¿Y luego? ¿Qué pasó después?" preguntó Amir con urgencia.

"Gabriel reveló entonces las primeras palabras del Corán, que significan: 'Lee, en el nombre de tu Señor que ha creado...' Estas palabras marcaron el comienzo de la revelación del Corán, y desde entonces, el mes de Ramadán se ha convertido en un tiempo sagrado para acercarse más a Dios y a Su palabra", concluyó el abuelo.

Amir se quedó en silencio por un momento, absorbiendo la historia. Luego, con estrellas en los ojos, dijo: "Abuelo, quiero ser como el Profeta. Quiero aprender y compartir la sabiduría."

El abuelo tomó a Amir en sus brazos y dijo con ternura:
"Ya has comenzado, querido. Cada día que aprendes
algo nuevo y lo compartes con amabilidad, estás
siguiendo los pasos del Profeta."

Mientras la noche envolvía la ciudad, Amir se quedó
dormido, su corazón lleno de sueños e historias,
decidido a aprender y compartir la luz del conocimiento,
tal como lo hizo el Profeta Muhammad hace tanto
tiempo.

8) <u>El Jardín de las Virtudes</u>

En un rincón tranquilo de la ciudad, donde las callejuelas se adornan de flores y las fuentes cantan suavemente, había un jardín que todos los niños de la ciudad llamaban "El Jardín de las Virtudes". Este no era un jardín común; sus árboles parecían bailar al viento y sus flores susurraban palabras de sabiduría a aquellos que se tomaban el tiempo para escucharlas.

En el corazón de este jardín, una joven llamada Hana amaba pasar sus tardes de Ramadán. Encontraba en este lugar una paz interior que complementaba la reflexión y la tranquilidad que aportaba el ayuno.

Un día, mientras Hana paseaba entre los lechos de flores, notó una rosa que parecía marchitarse. Preocupada, se acercó y escuchó a la rosa susurrar: "Para florecer, necesito la bondad de alguien."

Sin dudarlo, Hana tomó delicadamente la rosa entre sus manos y le ofreció agua de la fuente. Poco a poco, la rosa recuperó sus colores y su fragancia llenó el aire.

"Gracias, pequeña Hana", dijo la rosa. "Has mostrado la virtud de la compasión, una de las más bellas que uno puede tener durante el Ramadán."

Cada día siguiente, Hana encontró otras flores con diferentes necesidades: una tulipán necesitaba ánimos para erguirse, un lirio necesitaba una oreja atenta para compartir sus historias y un jazmín simplemente necesitaba compañía.

Cada vez, Hana estaba allí, ofreciendo lo que podía, y con cada acto de virtud, el jardín se volvía más frondoso y vibrante.

El último día de Ramadán, el jardín era irreconocible, rebosante de vida y colores. Hana entonces comprendió que este jardín era un reflejo del mundo: cada buena acción, por pequeña que fuera, contribuía a un bien mucho mayor.

"Hana, has dado sin esperar nada a cambio, y eso es la verdadera esencia del Ramadán", le dijo una vieja higuera en el centro del jardín.

La noche de Eid, Hana invitó a todos los niños a ver el jardín. Quedaron maravillados por su belleza y comprendieron el mensaje que Hana compartía: como el jardín, sus corazones y comunidades podían florecer a través de la virtud y la bondad.

9) <u>La Comida Compartida</u>

El mes de Ramadán era un tiempo de compartir y de comunidad, y en la familia de Mariam, la comida del Iftar era un asunto del corazón. Este año, Mariam tenía una idea especial. Quería invitar a sus amigos de diferentes culturas a compartir la comida del Iftar para mostrarles la belleza de la tradición.

Con la ayuda de su madre, Mariam envió invitaciones para el décimo día de Ramadán. "Mamá, ¿crees que vendrán?" preguntó, un poco ansiosa.

"Claro que sí, querida", respondió su madre. "Es una hermosa oportunidad para que aprendan sobre nuestras costumbres".

La noche del Iftar llegó, y pronto, la casa de Mariam se llenó de risas y conversaciones en varios idiomas. Cada amigo trajo un plato de su casa, creando un buffet de diversidad y sabores.

"¡No sabía que había tantas maneras diferentes de preparar dátiles!" exclamó Emma, una amiga de la escuela de Mariam.

"Y estas albóndigas, ¡son deliciosas! ¿Cómo se llaman?" preguntó Alex, disfrutando de un kibbeh.

Mariam explicó los distintos platos y compartió las historias detrás de cada tradición. Cuando llegó la hora del Iftar, todos guardaron un momento de silencio mientras la familia de Mariam rompía el ayuno con dátiles y agua, tal como lo había hecho el Profeta Muhammad (paz y bendiciones sobre él).

Luego, todos se sentaron juntos para disfrutar del festín. Las conversaciones giraron en torno a las experiencias del ayuno, las tradiciones familiares y la importancia de la gratitud.

"Nunca realmente pensé en todas las cosas por las que debería estar agradecido", confesó Tom, un compañero de clase.

"Esa es una de las lecciones del Ramadán", dijo el padre

de Mariam. "Ayunamos para sentir hambre, para entender el valor de lo que tenemos y para aprender a apreciarlo".

La comida compartida se convirtió en un evento anual en la casa de Mariam. Cada año, más amigos se unían a la mesa, y el buffet del Iftar crecía con nuevos platos e historias. Para Mariam y su familia, el Ramadán se había convertido en sinónimo de compartir, no solo de comida sino también de cultura y amistad.

10)   <u>**La Perla de la Paciencia**</u>

En un pueblo bañado por las aguas tranquilas de un mar resplandeciente, vivía una chica llamada Safiya, conocida por todos por su infinita paciencia. Durante el Ramadán, esta virtud brillaba aún más de lo habitual.

Cada día de ayuno, Safiya se levantaba antes del amanecer para ayudar a su madre a preparar el Suhoor, la comida antes de la salida del sol. Incluso cansada, nunca dejaba de sonreír ni de ser dulce.

Una tarde, mientras el sol lanzaba sus rayos implacables

sobre el pueblo, Safiya encontró una ostra varada en la playa. En su interior, descubrió una perla de extraordinaria belleza. Era un regalo del mar, un secreto escondido en las profundidades.

Safiya, maravillada, decidió guardar la perla, no como un tesoro personal, sino como un símbolo de lo que el Ramadán le enseñaba. La llamó la Perla de la Paciencia.

El último día de Ramadán, Safiya organizó un iftar para todo el pueblo. Las mesas estaban llenas de deliciosos platos, y en el centro, la perla se exhibía, brillando bajo las luces del crepúsculo.

Los aldeanos se conmovieron por la belleza de la perla y preguntaron a Safiya por qué la había nombrado así.

"Esta perla, encontrada tras una larga espera en las profundidades, me recuerda que la paciencia es valiosa", explicó ella. "Durante el Ramadán, aprendemos a esperar, a tener esperanza y a apreciar cada bendición. Como esta perla, la paciencia es un regalo que se revela a aquellos que saben esperar."

El corazón de los aldeanos fue tocado por la sabiduría de Safiya. La Perla de la Paciencia se convirtió en un símbolo del pueblo, recordando a todos las virtudes del Ramadán y la belleza que reside en la paciencia y la gratitud.

11) <u>Las Mil y Una Noches de Ramadán</u>

En la pequeña ciudad de Tarim, rodeada por el desierto y el cielo estrellado, el Ramadán traía no solo un mes de ayuno sino también un mes de cuentos e historias. Entre los narradores, había un anciano sabio, Abu Hassan, cuyos relatos fascinaban tanto a niños como a adultos, noche tras noche.

Una niña en particular, Layla, nunca se perdía una
noche. Estaba cautivada por las aventuras y las lecciones
que cada historia traía. Una noche, Abu Hassan anunció:
"Mis queridos niños, este año, les propongo un desafío.
Aquel que pueda contarme la mejor historia de Ramadán
ganará una colección completa de las historias que he
contado a lo largo de los años."

Layla, con su imaginación sin límites, se entusiasmó con
la idea de participar. Pasó los días siguientes escribiendo
y reescribiendo su cuento, perfeccionando cada detalle.
Finalmente, creó "Las Mil y Una Noches de Ramadán",
una historia mágica de una ciudad que nunca dormía,
donde cada noche revelaba una nueva aventura inspirada
en las enseñanzas del Corán.

La última noche de Ramadán, Layla tomó coraje y se
levantó para contar su historia frente a Abu Hassan y
todos los aldeanos reunidos. Su voz, al principio
vacilante, ganó confianza a medida que su relato
cobraba vida, llevando a su audiencia a un mundo donde
las estrellas susurraban secretos de sabiduría a los niños
y donde la luna vigilaba la ciudad, asegurando la paz y
la reflexión.

Cuando Layla terminó, un silencio conmovido se cernió
sobre la asamblea antes de que estallara una ola de
aplausos. Abu Hassan, con lágrimas en los ojos, declaró:
"Layla, tu historia ha capturado el espíritu del Ramadán

mejor de lo qu e jamás podría haber imaginado."

Y así, Layla ganó no solo el concurso sino también el corazón de su comunidad, recordando a todos que las verdaderas historias del Ramadán son aquellas que se viven, se comparten y se guardan en el corazón mucho después de que el mes sagrado haya terminado.

12) <u>La Generosidad del Corazón</u>

En el pueblo de Al-Baraka, todos conocían al joven Ali por su generosidad desbordante. Durante el Ramadán, Ali siempre buscaba maneras de hacer este mes aún más especial para los demás.

Este año, Ali había decidido preparar una comida de Iftar para aquellos que más lo necesitaban. Pasó días planificando, recogiendo ingredientes e invitando a todos los que estaban solos o en necesidad a unirse a él para una comida comunitaria.

Con la ayuda de su familia y amigos, Ali transformó la plaza del mercado en un gran salón al aire libre. Se extendieron manteles coloridos, se colgaron linternas, y un dulce aroma a comida flotaba en el aire.

Cuando llegó la noche del Iftar, la gente empezó a llegar, algunos tímidos, otros curiosos, pero todos conmovidos por la invitación de Ali. Los recibía con una cálida sonrisa y una palabra amable para cada uno.

El Adhan sonó, y se hizo el silencio mientras todos se preparaban para romper el ayuno. Ali repartió dátiles y agua, y juntos agradecieron por las bendiciones de ese día.

La comida fue una mezcla alegre de conversaciones, risas y compartir. Ali se aseguró de que cada persona se sintiera como en casa, cuidando que todos tuvieran suficiente para comer.

Después del Iftar, un anciano se acercó a Ali y puso su mano sobre el hombro del muchacho. "Hijo mío, lo que has hecho hoy es el verdadero espíritu del Ramadán. Tu generosidad alimenta mucho más que nuestros cuerpos; alimenta nuestras almas".

Ali sintió su corazón hincharse de felicidad. No era la magnitud de la comida lo que importaba, ni los elogios que recibía, sino el sentimiento de unidad y amor que llenaba la plaza esa noche.

Cuando las estrellas aparecieron en el cielo, Ali sabía
que la verdadera generosidad venía del corazón y que
tenía el poder de transformar el mundo, una buena
acción tras otra.

13) <u>El Perdón de Imran</u>

En un rincón tranquilo de la ciudad, Imran, un joven conocido por su temperamento ardiente, había aprendido una dura lección. Había herido a su amigo Anas con palabras duras y, durante este Ramadán, el peso de su arrepentimiento era más pesado que nunca.

Una noche, después de la oración de Tarawih, Imran se acercó a Anas. La luz de la luna se reflejaba en las lágrimas que intentaba contener.

"Anas, he venido a pedirte perdón", dijo Imran con voz temblorosa. "Lo que dije fue cruel y lamento cada palabra".

Anas miró a Imran, su corazón dividido entre el rencor y la compasión. Vio la sinceridad en los ojos de Imran y sintió la pureza de su intención.

"Imran, el Ramadán es el mes del perdón. Tu gesto me prueba que has cambiado", respondió Anas, su voz llena de la emoción de la reconciliación. "Te perdono, amigo mío."

Los dos chicos se abrazaron bajo el cielo nocturno, la luna y las estrellas como testigos de su reconciliación. Imran sintió aliviarse un peso de sus hombros, reemplazado por una paz que no había sentido en mucho tiempo.

Al día siguiente, Imran decidió compartir su experiencia con los niños del barrio. Les contó cómo había encontrado el valor para pedir perdón y la importancia de esta virtud, especialmente durante el Ramadán.

"El perdón no es solo para aquellos a quienes se lo pedimos, sino también para uno mismo. Es una liberación, una forma de hacer espacio para la luz en nuestros corazones", enseñó Imran.

Este Ramadán fue un punto de inflexión para Imran. Se

hizo conocido no solo por su energía sino también por su capacidad para admitir sus errores y buscar el perdón. Y cada año, durante el mes sagrado, compartía la historia de "El Perdón de Imran", recordando a todos el poder de la misericordia y un corazón puro.

14) <u>El Tesoro del Ayuno</u>

En un pueblo remoto, rodeado por montañas majestuosas, los ancianos hablaban de una leyenda, la del Tesoro del Ayuno, escondido en la cima de la montaña más alta. Este no era un tesoro ordinario; se decía que contenía la sabiduría del ayuno del Ramadán.

Este año, un chico llamado Idris, intrigado por las historias que había oído desde la infancia, decidió que encontraría ese tesoro. Con la bendición de sus padres, emprendió su viaje el primer día de Ramadán.

Idris escalaba cada día, ayunando, orando y reflexionando sobre las enseñanzas del Corán. Cada noche, rompía su ayuno con un poco de pan y agua, y luego oraba bajo el cielo estrellado.

A medida que pasaban los días, Idris sentía que su cuerpo se debilitaba pero su espíritu se aclaraba. Poco a poco comprendió que el ayuno no era solo una abstención de comida y bebida, sino un alimento para el alma.

El último día de Ramadán, Idris alcanzó la cumbre. No encontró un cofre lleno de oro o piedras preciosas. En su lugar, encontró un viejo cofre de madera tallada, dentro del cual reposaba un rollo de pergamino.

Idris desenrolló el pergamino con cuidado y leyó: "El verdadero tesoro del ayuno es la paz interior, el autocontrol y la cercanía con el Creador. Aquel que entiende esto posee el mayor de los tesoros."

Al descender de la montaña, Idris se dio cuenta de que el tesoro que buscaba nunca había sido destinado a ser tocado o visto. Ya estaba en él, cultivado por cada día de ayuno, cada oración y cada momento de reflexión.

Cuando Idris regresó al pueblo, compartió la sabiduría del Tesoro del Ayuno con todos. Cada Ramadán que siguió, todo el pueblo ayunaba con un nuevo entendimiento y un nuevo compromiso, cada persona buscando el tesoro dentro de su propio corazón.

15) <u>La Sonrisa de la Luna</u>

En el pueblo de Qamar, las noches de Ramadán estaban iluminadas no solo por las estrellas, sino también por la sonrisa benévola de la luna. Al menos eso es lo que creía el joven Samir, quien pasaba horas contemplando el cielo nocturno desde el balcón de su casa.

La abuela de Samir, una mujer sabia con historias interminables, le había contado que la sonrisa de la luna durante el Ramadán era una señal del amor de Alá por Sus criaturas. Samir, con su corazón inocente y su fe pura, creía firmemente en estas palabras.

Una noche, cuando el creciente lunar brillaba más claro que nunca, Samir pidió un deseo: deseaba que la sonrisa de la luna trajera felicidad y tranquilidad a todos aquellos a quienes amaba. Comenzó a dibujar la luna en un gran trozo de papel, agregándole una sonrisa cálida con sus lápices de colores.

En la última noche del Ramadán, Samir decidió compartir su dibujo con el pueblo. Lo colgó en la puerta de su casa para que todos los que pasaran pudieran ver la sonrisa de la luna.

La mañana siguiente, el día del Eid, los aldeanos se despertaron para encontrar la sonrisa de la luna dibujada por Samir. Los niños reían al verla, los adultos se sentían reconfortados y un ambiente de alegría se instaló en todo el pueblo.

"¡Mira, es la sonrisa de la luna de Samir!" exclamaban los niños mientras se dirigían a la mezquita para la oración del Eid.

Samir, al ver el efecto de su dibujo en los aldeanos, sintió su corazón llenarse de una alegría indescriptible. Entendió que las pequeñas acciones, hechas con amor y sinceridad, podían tener un gran impacto.

Cada año, para el Ramadán, la sonrisa de la luna de Samir se convertía en una tradición, recordándole a

todos los habitantes de Qamar el amor y la bondad que
residían en los gestos simples y en la magia de las
creencias in fantiles.

16) <u>La Llave del Paraíso</u>

En la tranquila ciudad de Safa, mientras el Ramadán tocaba a su fin, un anciano llamado Abbas contaba a los niños una historia que había heredado de sus propios abuelos. Según él, en algún lugar de la ciudad se escondía una antigua llave, forjada en el oro más puro y decorada con piedras preciosas, que abría las puertas del paraíso.

Los niños escuchaban con los ojos brillantes de asombro e incredulidad. Entre ellos, una joven llamada Yasmin se sentía particularmente conmovida por la historia. Se acercó a Abbas después del relato y le preguntó: "Abbas, ¿realmente existe la llave del paraíso?"

Abbas miró a Yasmin con una sonrisa misteriosa y respondió: "Yasmin, la llave del paraíso no es lo que crees. No es una llave que se pueda sostener en las manos. Es algo que se lleva en el corazón."

Intrigada, Yasmin pasó los días siguientes reflexionando sobre las palabras de Abbas. Decidió buscar esa llave simbólica realizando actos de bondad y generosidad, ayudando a sus vecinos, compartiendo su comida con los que tenían hambre y ofreciendo oraciones sinceras por su comunidad.

Llegó el día del Eid, y Yasmin sintió un cambio en su interior. Había descubierto que la llave del paraíso estaba hecha de compasión, amor y dedicación a los demás. Su búsqueda le había enseñado que las verdaderas puertas del paraíso se abren con buenas acciones y la pureza de intención.

Cuando compartió su descubrimiento con Abbas, el anciano le sonrió con orgullo. "Yasmin, has encontrado la llave más preciosa. Guárdala siempre contigo y encontrarás el camino al paraíso en este mundo y en el siguiente."

17) <u>El Arrepentimiento de Sofía</u>

Sofía se sentaba sola bajo la sombra de un olivo centenario, fuera de la mezquita, con los ojos cargados de remordimiento. Susurraba palabras apenas audibles, mezcla de oración y promesa personal.

Su madre la encontró allí, con una preocupación tierna marcando su rostro. "Sofía, pareces cargar el mundo en tus hombros. ¿Qué sucede, mi hija?" preguntó con dulzura.

Sofía levantó la mirada, sus lágrimas reflejando la luna creciente. "Mamá, siento que he perdido mi camino este año. Quiero arrepentirme, quiero encontrar la paz", confesó con voz conmovida.

Su madre se sentó a su lado, envolviendo a Sofía en sus brazos. "El arrepentimiento es un viaje, Sofía, y el Ramadán es la mejor de las brújulas. Alá es Misericordioso y siempre está listo para acoger a aquellos que regresan a Él."

En los días siguientes, Sofía se sumergió en los rituales del Ramadán con un fervor renovado. Una noche, mientras ayudaba a poner la mesa para el Iftar, su padre la observaba con una sonrisa en el rincón de su boca. "Sabes, Sofía, cada acción que emprendes ahora brilla más que los errores pasados", dijo.

"Quiero creer que puedo cambiar, papá", respondió Sofía, bajando la mirada.

"Ya estás cambiando", replicó su padre. "Y cada día es una nueva página que puedes escribir."

En la noche de Laylat al-Qadr, Sofía se puso de pie junto a su familia para la oración. "Alá, dame la fuerza para ser quien Tú quieres que sea", oró.

Después de la oración, su hermano menor, Amir, que había observado su cambio, se acurrucó junto a ella.

"Sofía, ¿me contarás historias de nuevo esta noche?" preguntó con esperanza.

Sofía le revolvió el cabello con cariño. "Por supuesto, Amir. ¿Qué historia quieres escuchar?"

"Una historia sobre el perdón", dijo con la simplicidad infantil que a menudo penetra el corazón de las verdades más profundas.

Y así, Sofía contó una historia, y en cada palabra, tejía su esperanza y resolución de comenzar de nuevo, sostenida por la fe y el amor de su familia.

18) <u>Las Semillas de la Fe</u>

En el pequeño pueblo de Muna, el anciano Hamid tenía un jardín que apreciaba más que nada. No solo cultivaba vegetales y flores, sino también semillas de fe que disfrutaba compartir con los niños del pueblo.

Un día, cuando se acercaba el Ramadán, Hamid decidió dar a cada niño una pequeña semilla para plantar. Entre ellos estaba Amina, una joven curiosa y atenta.

"Abuelo Hamid, ¿qué son estas semillas?" preguntó Amina, sosteniendo la diminuta semilla entre sus dedos.

Hamid se agachó a su lado, con una sonrisa benevolente en los labios. "Estas son semillas de la fe, Amina. Las vas a plantar y regar durante el Ramadán, y verás lo que se convertirán."

Amina plantó su semilla con cuidado y cada día, después de la oración matutina, la regaba, recitando una breve oración o un verso del Corán. Observaba la tierra con esperanza, esperando ver el fruto de su trabajo y fe.

A medida que avanzaba el mes sagrado, la semilla brotó y se convirtió en una hermosa planta verde. Amina estaba asombrada por la transformación y corrió a compartir la noticia con Hamid.

"Mira, abuelo, ¡ha crecido! Es como si mi fe también hubiera crecido", exclamó.

Hamid asintió, sus ojos brillando de orgullo. "Cada semilla que nutres con amor y paciencia, Amina, es como la fe en tu corazón. Necesita atención y cuidado para florecer."

Amina entonces comprendió que la jardinería no era solo acerca de plantas y suelo, sino también un símbolo de su propio crecimiento espiritual. Las semillas de la fe que había nutrido durante el Ramadán seguirían creciendo mucho después de terminado el mes sagrado.

19)   <u>El Oasis de la Tranquilidad</u>

Adel estaba de pie en la cima de una duna, escudriñando el horizonte, cuando se le acercó Karim, el viejo guía del desierto.

"Buscas el Oasis de la Tranquilidad, ¿verdad?" preguntó Karim, con una voz tan áspera como la arena bajo sus pies.

Adel asintió, sus ojos llenos de esperanza. "Sí, me han dicho que es allí donde podría encontrar paz durante el Ramadán."

Karim sonrió, sus arrugas se profundizaron como los surcos de un mapa. "Es un viaje que muchos emprenden, pero solo el corazón sincero encontrará lo que busca."

Con esas palabras enigmáticas, Karim le dio a Adel instrucciones precisas y lo dejó continuar solo. Después de un viaje agotador, Adel finalmente encontró el oasis, un verdadero espejo esmeralda en medio de los tonos ocres del desierto.

Tembloroso de emoción, Adel se arrodilló junto al agua y susurró una oración. Fue entonces cuando una voz se hizo oír detrás de él.

"La paz es un tesoro bien guardado, joven viajero.

¿Crees haberla encontrado?" dijo una mujer, su silueta recortada contra la luna.

Adel se giró para ver a una anciana, vestida con una túnica azul como la noche, que se acercaba.

"Yo... eso espero", respondió Adel. "Vine aquí en busca de la tranquilidad que no encuentro en mi vida ajetreada."

La anciana se sentó a su lado y señaló hacia el cielo estrellado. "La paz no se encuentra solo en el silencio del oasis, sino en el silencio que creas dentro de ti."

Adel pasó la noche conversando con la mujer, aprendiendo a meditar en los versículos del Corán y a apreciar la soledad que le permitía conectarse con su fe.

A lo largo de las noches del Ramadán, Adel aprendió a encontrar la calma en medio del caos, una lección que se llevó consigo mucho después del mes sagrado. Al compartir su experiencia con otros, llevó una parte del Oasis de la Tranquilidad al corazón de cada uno, mostrando que la paz es un viaje, no un destino.

20)   <u>La Bendición del Sahur</u>

En la tranquilidad que precede al amanecer, mientras la ciudad aún está envuelta en el velo oscuro de la noche, Layla y su familia se reúnen en silencio en la cocina. Es hora del Sahur, la comida antes del comienzo del ayuno del Ramadán.

El hermano menor de Layla, Hadi, se frota los ojos aún pesados de sueño. "¿Por qué tenemos que levantarnos tan temprano?" murmura.

El padre de Layla, con una sonrisa en su voz, responde suavemente: "Es el momento en que pedimos a Alá que nos bendiga para el día que comienza, que nos dé la fuerza para ayunar."

Layla, llenando suavemente los vasos de agua, agrega: "Y es un momento especial, Hadi. Es como si todo el mundo contuviera la respiración, y en este silencio, nuestras oraciones suben directamente al cielo."

Se sientan juntos, compartiendo dátiles y leche, la comida simple pero nutritiva evoca siglos de tradición. La madre de Layla luego comparte un pensamiento:

"Cada bocado que tomamos ahora es una semilla que plantamos para el día que viene. Con cada semilla, pedimos paciencia, concentración y gratitud."

Hadi, tomando su leche, comienza a comprender. "Es como si estuviéramos cargando nuestros corazones antes de comenzar un largo viaje", dice, un nuevo despertar en sus ojos.

"Exactamente, mi hijo", dice el padre levantándose para comenzar los preparativos de la oración. "Y ahora, mientras terminamos nuestro Sahur, comenzamos nuestro viaje diario del Ramadán, llevando las bendiciones de esta hora silenciosa a lo largo del día."

La familia termina su comida y se dirige a la sala para rezar juntos. El amanecer comienza a asomar y con él, la esperanza y la promesa de un nuevo día de ayuno, reflexión y cercanía con lo divino.

21)   <u>La Alegría de Compartir</u>

La noche caía sobre el pequeño pueblo de Salam, donde se vivía el Ramadán al ritmo de las comparticiones y las sonrisas. En un callejón tranquilo, los niños del vecindario se reunían alrededor de la gran mesa de Iftar preparada por la generosa Sra. Hanan.

"¿Por qué siempre ponemos el doble de comida de la que podemos comer, Sra. Hanan?" preguntó con curiosidad Farid, un niño de ojos chispeantes.

Con una sonrisa cálida y las manos en la masa, la Sra.

Hanan respondió: "Por la alegría de compartir, Farid. Durante el Ramadán, cada plato que compartimos duplica su valor en nuestros corazones."

Leila, una niña de rizos marrones, añadió con entusiasmo: "¡Y mi mamá dice que cuando compartimos, nunca sabemos qué ángel compartirá nuestra comida!"

La Sra. Hanan rió suavemente. "Así es, Leila. Y a veces, no es un ángel, sino un vecino quien necesita compañía y una comida caliente."

Como si sus palabras fueran una señal, se oyó un golpe en la puerta. Era el señor Amir, un anciano solitario del vecindario. "Podía oler las especias desde mi sala de estar", dijo tímidamente, "y me preguntaba..."

"¡Entre, señor Amir! ¡Es bienvenido a nuestra mesa!" exclamaron los niños, tirando de él hacia adentro.

La mesa cobró vida con la llegada de su invitado sorpresa, y el Iftar tomó un giro aún más alegre. Las risas y las conversaciones llenaban el aire mientras los platos pasaban de mano en mano.

Después de la comida, mientras se acomodaban para las oraciones de la noche, Farid se acercó a la Sra. Hanan. "Ahora entiendo. Compartir nos hace ricos a todos, ¿verdad?"

La Sra. Hanan asintió con afecto. "Exactamente, Farid. Y la verdadera riqueza es aquella que llena el alma."

Esa noche, mientras las estrellas centelleaban como joyas en el cielo, la alegría de compartir había unido corazones y creado recuerdos que durarían mucho más allá del mes sagrado.

22) <u>El Manto de la Noche</u>

En el pueblo de Lune Claire, mientras el Ramadán envolvía los días y las noches con su espíritu sagrado, un viejo cuentista llamado Hakim atraía a los niños con sus historias bajo el manto estrellado de la noche.

Una niña en particular, Zara, estaba fascinada por sus relatos. Una noche, mientras las estrellas centelleaban como diamantes en el cielo, se acercó a Hakim y le preguntó:

"Dime, Hakim, ¿por qué llamas 'el manto' a la noche?"

Hakim, envuelto en su gastado chal, le ofreció una sonrisa sabia y respondió: "La noche es un manto, mi pequeña Zara, bajo el cual todos podemos escondernos para encontrar la calma y la paz después de un largo día. Es bajo este manto donde nuestras oraciones ascienden más alto".

Los ojos de Zara se iluminaron de asombro. "¿Las estrellas escuchan nuestras oraciones?" preguntó inocentemente.

"Creo que son las mensajeras de nuestras oraciones", dijo Hakim, su mirada perdida en la inmensidad sobre ellos. "Cuando compartimos nuestras esperanzas y sueños con la noche, ella los teje en el manto celestial para mantenerlos a salvo hasta que se hagan realidad".

Zara se acurrucó junto a su madre, que se había unido a ella, y juntas escucharon a Hakim contar una historia sobre una estrella fugaz que había recogido los deseos de una joven y los había llevado a través de los cielos.

En la noche de Laylat al-Qadr, Zara tomó coraje y compartió su propio deseo con el manto de la noche, pidiendo sabiduría y fuerza. Sintió el suave abrazo de la oscuridad y supo que sus palabras estaban seguras, envueltas en el manto celestial hasta que estuvieran listas para florecer.

23)   <u>El Eco del Adhan</u>

En el pueblo de Qalb, situado en una colina que domina un valle verde, la llamada a la oración, el Adhan, resonaba cada día a través de las calles estrechas y las casas de piedra. Este sonido, portador de fe y tradición, guiaba a los habitantes en su vida cotidiana y, durante el Ramadán, adquiría una resonancia muy especial.

Zahra, una joven de mente ágil y corazón tierno, estaba fascinada por el Adhan. En un crepúsculo de Ramadán, mientras el muecín tomaba una profunda inspiración para entonar el llamado, Zahra se acercó a su padre y preguntó: "Papá, ¿por qué el Adhan es tan importante?"

Su padre, un hombre sabio con una voz tan suave como la noche, respondió mientras tomaba su mano. "Zahra, el Adhan es un recordatorio. Es el eco de nuestra fe que nos llama a recordar a Alá, a orar y a reflexionar sobre nuestras acciones".

Intrigada, Zahra escuchó atentamente el Adhan, dejando que las palabras se impregnaran en su alma. "Es como si cada palabra me hablara, papá. Como si el Adhan me dijera que me apresure hacia el bien".

Su padre sonrió, su corazón lleno de orgullo por la sensibilidad de su hija. "Y cada vez que lo oyes y respondes a ese llamado, te apresuras hacia la luz, mi querida Zahra".

El Ramadán continuó, y cada día, Zahra respondía al llamado con más fervor. Se unía a la oración, aprendía nuevas suras y ayudaba a su madre a preparar el Iftar para los vecinos.

Cuando llegó el Eid, con sus celebraciones y alegres reencuentros, Zahra sintió que el Adhan había tejido en ella una conexión más profunda con su comunidad y su fe. Sabía que el eco del Adhan seguiría resonando en su interior, guiándola más allá de los benditos días del Ramadán.

24) La Noche del Destino de Karim

En una ciudad donde los minaretes se elevan orgullosamente hacia el cielo, Karim esperaba con ansias la Noche del Destino, Laylat al-Qadr, una de las noches más benditas del Ramadán. Se decía que las oraciones hechas en esta noche valían más que las de mil meses.

Karim era un chico estudioso y atento, siempre listo para aprender y ayudar a los demás. Pero este año, quería vivir completamente Laylat al-Qadr. Había decidido permanecer despierto toda la noche para rezar y reflexionar.

"Madre, ¿cómo sabré si realmente he encontrado Laylat al-Qadr?" preguntó Karim mientras su familia se preparaba para la noche.

Su madre le respondió con dulzura: "Algunos dicen que la noche es tan pacífica que incluso el agua que cae no hace ruido. Pero lo que importa es la intención de tu corazón, hijo mío."

Cayó la noche, y la casa de Karim se inundó de una luz suave y cálida. Después de romper el ayuno, la familia comenzó las oraciones. Karim se sintió envuelto en un ambiente de devoción y amor.

Pasada la medianoche, mientras sus padres dormían

brevemente, Karim permaneció sentado en su alfombra de oración, recitando el Corán y meditando sobre sus enseñanzas. Pensó en la misericordia de Alá, en la paciencia y en la gratitud.

Al levantar la vista hacia el cielo por la ventana, vio las estrellas brillar con un esplendor particular. Sintió su corazón calmarse, una profunda tranquilidad lo invadió. Murmuró: "Quizás esto es, Laylat al-Qadr."

Las horas pasaron, y Karim se mantuvo inmerso en su oración, sintiendo una conexión más profunda que nunca con su fe. Cuando se acercaba el amanecer, supo, en lo más profundo de su ser, que había vivido algo especial, aunque no podía estar completamente seguro.

"Madre, creo que sentí la paz de Laylat al-Qadr", le dijo a su madre al amanecer.

Ella sonrió, con los ojos llenos de lágrimas de alegría. "Solo Alá conoce la verdad, pero tu dedicación esta noche seguramente será recompensada, mi querido Karim."

Y mientras salía el sol, Karim se sentía agradecido y renovado, listo para continuar viviendo con la fe y la determinación que había sentido durante la noche más santa del año.

25) <u>La Aventura de la Última Década</u>

En la suave calidez de la última década del Ramadán, dos amigos, Aya y Bilal, decidieron hacer de este período algo inolvidable. Querían explorar el significado profundo de estos días sagrados, en particular en la búsqueda de Laylat al-Qadr, la Noche del Destino.

"¡Bilal, imagina si pudiéramos descubrir exactamente qué noche es!" exclamó Aya, sus ojos brillando ante la idea de su búsqueda espiritual.

Bilal asintió, cautivado por la idea. "Hagamos un plan. Cada noche, realizaremos una buena acción y anotaremos lo que sentimos. Quizás eso nos guíe hacia Laylat al-Qadr."

Así comenzó su aventura. La primera noche, ayudaron a preparar el Iftar para las familias necesitadas. La segunda, pasaron tiempo escuchando las historias de los ancianos del pueblo. Noche tras noche, dedicaron su tiempo a actos de bondad y devoción.

"Sentí algo especial esta noche", confesó Aya después de una intensa oración. "Como si el cielo se abriera un poco."

Bilal estuvo de acuerdo. "Fue diferente, como un escalofrío en el aire. Tal vez fue la noche que buscamos."

La última noche llegó, y con ella, una tranquilidad que envolvió al pueblo. Aya y Bilal se sentaron en el techo, mirando el cielo salpicado de estrellas.

"Ya sea esta noche Laylat al-Qadr o no, creo que hemos encontrado lo que buscábamos", susurró Bilal. "Una conexión más profunda con nuestra fe y entre nosotros."

Aya asintió, sintiendo la misma paz interior. Mientras el alba se levantaba, marcando el fin de su aventura, sabían que las lecciones aprendidas y los momentos compartidos durante esta última década permanecerían con ellos mucho después de que terminara el Ramadán.

"Fue nuestra propia Noche del Destino, a nuestra manera", dijo Aya, mientras se preparaban para dar la bienvenida a un nuevo día.

26)   <u>**La Mariposa del Ramadán**</u>

En el pequeño pueblo florido de Asilah, la llegada del Ramadán se celebraba no solo con oraciones y ayuno sino también con la aparición de una mariposa muy especial, conocida como la Mariposa del Ramadán. Se decía que esta mariposa, con alas de un azul celeste salpicadas de patrones que parecían contar historias, solo aparecía una vez al año, durante el mes sagrado.

Nora, una joven llena de vitalidad, estaba fascinada por

estas criaturas. Un día, mientras observaba a una de ellas revolotear alrededor de un arbusto de lavanda, se le acercó su amigo Karim.

"¿Por qué les llaman mariposas del Ramadán, Nora?" preguntó Karim, siguiendo con la mirada el vuelo elegante de la mariposa.

Nora se giró hacia él con una sonrisa radiante. "Se dice que cada Ramadán, estas mariposas vienen a recordarnos la belleza y la transitoriedad de la vida. Nos enseñan la metamorfosis y el crecimiento, así como nosotros buscamos crecer y mejorarnos durante este mes."

Karim, intrigado por este pensamiento, observó cómo la mariposa se posaba delicadamente en una flor. "Es como si fueran un mensaje de Alá, un recordatorio de Su presencia en la belleza de la naturaleza."

"¡Exactamente!" exclamó Nora. "Y mi abuela dice que si compartes un secreto con una mariposa del Ramadán, tu mensaje asciende a los cielos."

Entonces, los dos niños decidieron compartir sus deseos para el año venidero con la mariposa, susurrando suavemente mientras observaban las alas diáfanas batir al ritmo de sus esperanzas.

Cuando el Ramadán llegó a su fin, Nora y Karim

sintieron una transformación en ellos mismos, como si las enseñanzas de la mariposa del Ramadán hubieran echado raíces en sus corazones. Estaban listos para desplegar sus propias alas y elevarse hacia nuevas alturas de fe y bondad.

27)   <u>Las Luces de Al-Qadr</u>

En la ciudad de Al-Fajr, la noche de Laylat al-Qadr era esperada con una reverencia sin igual. Se decía que durante esta noche, más bendita que mil meses, los cielos se abrían para bañar la tierra con una luz divina y que las oraciones ascendían directamente a los cielos.

Soraya, una joven con un corazón puro, se había preparado para esta noche durante todo el mes de

Ramadán. Ella había ayunado con devoción, orado fervientemente y ayudado a su familia y vecinos con amor incondicional.

En la noche de Al-Qadr, Soraya se sentó en la terraza de su casa, con un chal alrededor de los hombros, y miró el cielo. Esperaba la señal de las Luces de Al-Qadr, una confirmación de que sus oraciones serían escuchadas.

Mientras esperaba, vio un brillo luminoso cruzar el cielo. No era una estrella fugaz, ni el destello de un satélite. Era una luz suave y tranquila que parecía bailar entre las estrellas.

Soraya cerró los ojos y hizo una oración por su familia, por la paz en el mundo y por la guía en su propio camino de vida. Cuando abrió los ojos, la luz seguía allí, titilando, como si respondiera a su llamado.

Las horas pasaron y Soraya se quedó afuera, envuelta en la quietud de la noche. Sintió que su corazón se aligeraba, como si la luz de Al-Qadr se llevara consigo las cargas de su alma.

Cuando amaneció, la luz se había fundido en el horizonte, pero Soraya sabía que algo había cambiado. Laylat al-Qadr había tocado su vida, dejando una estela luminosa que nunca se apagaría.

Los años pasaron y la leyenda de las Luces de Al-Qadr perduró. Soraya se convirtió en la guardiana de esta historia, recordando a las generaciones futuras que los signos de Allah están por todas partes, siempre que abramos nuestros corazones y elevemos nuestras almas.

28)   <u>Las Flores del Paraíso</u>

En el corazón de un oasis verde florecía un jardín donde cada flor parecía tocada por la gracia divina. Era el jardín que Hadiya y su abuelo cuidaban con amor, un lugar de paz donde la comunidad gustaba reunirse durante el Ramadán.

Hadiya, con sus pequeñas pero hábiles manos, plantaba flores de aromas celestiales y colores vibrantes. Su abuelo lo llamaba su pequeño pedazo de paraíso. "Cada flor que plantas, querida, es un recordatorio de las maravillas de Alá", solía decirle a menudo.

Este año, Hadiya tenía una idea especial para el Eid al-Fitr. Quería crear un ramo para cada familia del pueblo, un ramo de flores del paraíso, como símbolo de alegría y compartimiento para el final del Ramadán.

Cada noche, después del Iftar, trabajaba a la luz de las linternas, eligiendo las flores más hermosas, atándolas con cintas y orando para que cada ramo trajera felicidad a su destinatario.

Cuando llegó el Eid, el jardín de Hadiya era un arcoíris de colores y aromas. Los aldeanos quedaron maravillados por la belleza de los ramos que les ofreció con una sonrisa radiante.

"Tus flores, es como si vinieran directamente del paraíso, Hadiya", se maravilló una vecina, inhalando el perfume de una rosa delicada.

Hadiya se sonrojó de placer. "Quería que cada uno de ustedes tuviera un pequeño pedazo de nuestro jardín para el Eid", explicó.

El gesto de Hadiya fue apreciado durante mucho tiempo en el pueblo. Su jardín se convirtió en un símbolo de generosidad y unidad, y cada Eid, los ramos de flores del paraíso recordaban a los aldeanos la belleza de su comunidad y la generosidad que florecía en el corazón de cada uno.

29) <u>La Promesa del Eid</u>

En la bulliciosa ciudad de Rihla, la emoción del Eid llenaba el aire. Las calles estaban adornadas con guirnaldas y luces parpadeantes, anunciando el fin del Ramadán. Para Amina y su hermanito Hassan, el Eid era sinónimo de familia, alegría y nuevas promesas.

La víspera del Eid, su padre les había hecho una promesa especial: si los niños lograban ayunar los últimos días del Ramadán, toda la familia iría al parque de atracciones. Amina, seria en sus compromisos, había mantenido su promesa, al igual que Hassan, aunque había sido difícil para el pequeño.

Llegó el día tan esperado, pero su padre recibió una llamada urgente de su trabajo. Había una emergencia que no podía ignorar. Con el corazón apesadumbrado, se sentó con sus hijos.

"Mis hijos, lo siento. La visita al parque tiene que ser pospuesta", dijo con pesar.

Los ojos de Amina y Hassan se llenaron de lágrimas. Habían esperado tanto este momento.

Viendo la decepción en los ojos de sus hijos, su padre tomó una decisión. "Nada es más importante que mi promesa a ustedes", dijo, tomando su teléfono. Después de unos minutos de conversación, colgó, con una sonrisa en la cara.

"Una promesa es una promesa. Iremos al parque, como estaba previsto. Mi trabajo puede esperar."

Amina y Hassan saltaron de alegría, abrazando a su padre con fuerza. El día estuvo lleno de risas, vueltas en el carrusel y momentos preciosos. Entendieron que el Eid no era solo una celebración, sino también un tiempo en el que las promesas hechas se honraban, donde la familia era lo primero antes que todo.

Por la noche, mientras miraban los fuegos artificiales

iluminar el cielo, Amina susurró un agradecimiento silencioso. Sabía que la verdadera bendición del Eid no estaba en los regalos o las salidas, sino en los lazos inquebrantables de amor y honor entre ellos.

30) <u>Los Colores del Eid</u>

El pueblo despertaba lentamente, bañado en la luz dorada de la mañana del Eid. En la casa azul al final del callejón, Layla y su hermano Karim ya estaban ocupados con cintas y papeles de colores.

"¡Papá, mira! ¡He terminado de decorar mi linterna para el Eid!" exclamó Karim, alzando orgulloso su obra hacia su padre.

El padre de Layla y Karim, un hombre con barba sal y pimienta y ojos chispeantes de picardía, se inclinó para examinar la linterna. "Es hermosa, Karim. Has elegido tus colores cuidadosamente."

Layla, con una sonrisa traviesa, tiró de la manga de su padre. "Y yo, papá, he hecho una guirnalda con todos los colores de nuestra ropa del Eid. Cada color representa a un miembro de nuestra familia."

El padre los miró, su corazón lleno de amor por sus hijos. "Ambos habéis traído los colores del Eid a nuestra casa. Pero recordad, los colores más bellos son los de nuestras acciones y nuestras sonrisas de hoy."

El día transcurrió en un torbellino de visitas, risas y banquetes. Cada vez que Layla y Karim se encontraban con sus amigos y familiares, compartían una palabra amable o un pequeño regalo hecho a mano.

Mientras el sol se ponía, tiñendo el cielo de tonos rosas y naranjas, Layla se sentó al lado de su padre. "Papá, el Eid es realmente el día más colorido del año, ¿verdad?"

Su padre asintió, abrazándola por los hombros. "Sí, mi querida. Pero no es solo por las decoraciones o la ropa. Es porque nuestros corazones están llenos de alegría y compartimos esa alegría con todos."

Y así, mientras las estrellas comenzaban a parpadear en el cielo, Layla y Karim se prometieron mantener los colores del Eid vivos en sus corazones, esparciéndolos durante todo el año hasta que el Eid regresara.